Dat gaht dick wat an

*Dat gaht dick wat an*

# Pillen för jedermann

## Riemels tau'n Smunzeln

vun Heinrich Hermann Krone

**Bibliografische Information der Deutschen Nationalbibliothek:**
Die Deutsche Nationalbibliothek verzeichnet diese Publikation in der
Deutschen Nationalbibliografie; Detaillierte bibliografische Daten
sind im Internet über http://dnb.de abrufbar.

© 2023 Ulrike Krone
Bearbeitung: Maren Ohlsen, Druck:
Titelbild: Maren Ohlsen

Umschlaggestaltung, Satz, Herstellung und Verlag:
BoD – Books on Demand, Norderstedt
ISBN: 978-3-7578-3620-7

Für meinen Sohn
Martin,
als Erinnerung
an seinen Großvater

# Inhaltsverteknis:

# De Onkel Dokter seggt...

De Onkel Dokter is´n klauken Kerl,
studeert un schrifftgelehrt.
Verschrift denn ok sau geern`
`ne Pille
för dick, för mick un för jeden –
dat is doch nich verkehrt?!

Hei schrifft un schrifft,
un datt woll Dag för Dag.

Un du un ick, un ick un du
un jedermann,
wi slukt, un slukt doch ümmertau
bet ünsch de Magen wiehe daht:
Au weih, au weih, sau is dat, sau.

De Onkle Dokter seggt:
Dat is nich slimm, dat gaht vorbie!
Tjaaa, vorbie gaht alles,
et fröggt sick denn, bloß wie.

Sluk tau, sluk wieder –
Pill´n sünd ja sau gesund!
Und sünd se´t nich, denn kümmst´e
ganz hille op´n Hund.

# Kater Murr

Op'n Schriefdisch satt de staatsche Keerl,
ne swarte Jopp, en witt Schimsett
un greune, glue Ogen –
studeer de Bäuker doch förwahr,
studeer nu Wetenschop all gar
an veel'n langen Dagen:
Zoologie stunn'op'n Plan,
ick kann't vorstahn.

Un ümmer wenn sien Kopp was weit
von all de veel'n Bäuker,
denn mak hei seine Ogen tau un mein:
Nu bin ick kläuker.

# Wenn de Vader mit de Mudder...

## (Is dat noch tau faten?)

Vader seggt: »Dat gifft Regen, nimm dien Paraplü!«
Mudder seggt: »Ick hewe nist dagegen,
bloß – den Paraplü, den nehm′ ick nicht!«

En lüttje Stunn′ sünd se all gahn,
da gütt dat wie ut Moll′n;
Mudder treckt de Snute scheif
un fängt glieks an tau smoll′n.

»Vader,« seggt se, »op dick kann′n sick ok nich veerloten;
bi′n Weggahn hast′e noch ′eseggt: et gifft kein Regen,
dien Paraplü, den kannsté driest in`nt Huse laten!«

# Käpt'n Rumbart

## Sau einmal rund Amrum rum

Sau schippert wi nu rund um Amrum rum,
bi Sunn' un Water un Water un Sunn.

Und dat Water danzt un tuschelt
un de Käpt'n seggt: »Junge, wat is dat dumm,
dat is én Buddel Rum«.

Ne Stunn' is vergahn, da swankt dat Schipp
nich bloß alleen, ok de Käpt'n Rumbart
swankt op twei Been.

Un 'ne Brise kümmt op, stief un stramm
un Wind un Wellen danzt Arm in Arm;
dat is kein Danz nich mehr, dat is grad
as de wilde Jagd in'ne Nacht.

Käpten Rumbart stüert all Amrum an,
den sichern Port un brummt darum
as'n Seebär brummen kann
un sä bloß noch dat eene Wort:
»Dat was`t denn woll, sau einmal rum
um Amrum rum«!

# Nevel an'n Strand

Grau in grau 'ne dichte Nevelwand,
nich eine Hand sühst du vör Ogen, bloß Sand;
en Weg, en langen Weg un witten Sand:
keine Dünen nich, kein Water,
bloß dat Rauschen nebenan;
dat klingt as 'n Lied, as 'ne Harfe,
von wiet her, ganz wiet.

Un an 'n Siet staht vier Möwen in'n Sand
un kiekt ut Nevelogen, as könn'n se nich gohn,
as wörrn grad erst oppestahn.

Un twei Gestalten koomt op mick tau:
Slapwandler, dach ick sau, villicht ok Geister
ut 'n andere Welt – under üsch:
ick heww 'se mick sau vorrestellt.

Ick gah nu rascher ümmer rascher –
mick war't, as faht mi einer an 'ne Hand
un sä: »Da muß du dörch,
dörch düsse Wand!«

Doch ümmer daiper kamm ick rin,
kein Enn was afftoseihn –
ick bleef denn stahn, woll nich mehr wiedergahn
un dach bi mick: Witt in grau
un grau in witt, ok düsse Weg is 'n Schritt,
en lüttjen Schritt hen in dat Unendliche,
wat ick nich kenn'.

# Barke in'n Wind

## (Gedanken in'n Bergkurpark)

Barke, du slanke, ick mag dich, du ranke,
dat wittbunte Kleed,mien Deern,
dat mag ick geern.

Ick bin de Wind, mien Kind;
danz mit mick: Dreih dick, drei dick geswind!

Un Barke un Wind un Wind un Barke
danzt in den Dag, danzt in de lange Nacht,
bet in den Morgen.

Nu is't still, ganz still! –
Barke un Wind inneslapen sünd.

# Igittigitt, ne Mus!

»Igittigitt«, kreischt da ´ne Fru: »Ne Mus,
´ne Mus bi üsch in´t Hus!«

Mit´n Bessen is se hinderher un joogt de Mus sau
krüz un quer över ´e Deel, dörch de Stuw´,
ümmer hin un her.
Husch! Is se under´n Schrank un rögt sick nicht.
Da! Da sitt se weer un kiekt dick an un glustert
mit de hellen Ogen:
Manierlich, possierlich, antoseihn.

Wedder fängt dütt Frunsminsch an tau schrie´n
un biestert oppe los. Da hakt se hindern Süll
un so lang se is, un schreit nu noch veel döller.
Dat kümmt sau vun dat Biestern, vun dat Buldern.

Dat Kriegenspeel is nu vorbie, tau Enn´,
de ganze Jachterie.

Ick segge man un mein datau:
De lütt – lütt Mü un all de lüttjen Diere sau –
ok de wüllt leb´n.
Drumme: »Lat se in Rauh!«

# De Mann in'n Maan

He lücht nu all veel dusend Jahr den
Minschenkinnern hier op Eern.

Mick düncht, hei söcht ok wat mit sien Latern!

Hei kiekt un luurt un grient un smunzelt –
un weent un lacht,
wenn twei sick küßt sau bi de Nacht.

Mann in'n Maan,
gifft tau, du söchst op Eer ne lüttje säute Deern.

# Harwestmelodie

Allens slöpt.
Kein Vöggel röppt;
griesegrau de Böme staht,
glustert wie Gespenster.
De Uhl, de huscht an mick vorbie:
Ick glöw, dat is de Harwestmelodie.

De Maan, de lacht de ganze Nacht
un spinnt för morgen witte Fams;
dat glitzert silbern Nacht un Dag.
De Wind, de tuschelt, dat Loof, et ruuschelt hinder mi:
Ick glöw, dat is de Harwestmelodie.

Wenn ick sau gah dorch Dag un Nacht
un sei dat bunte Speel,
rot un brun, un greun un jeel,
denn lacht mien Hart op all de Pracht.
Un vor mi hen nun neben mi,
un in de Böm un op de Eer
danzt all de Blädder hen nun her:
Glöv´ et mi, dat is de Harwestmelodie.

# Dat Vöggelken

Blierngrau de Dag angaht – in´n Febberwar.
De Nevel swewt dörch de Dann´n
un wew´t, un wew´t in´n Busch un Wisch
un um mick her un öwerall is allens still un lies.
Doch, wat is dat?
In´n Boom, da satt ein Vöggelken!
Dat sung de erste Melodei
in´n Febberwar un jubiliert un tiriliert
un danzt von Twieg tau Twieg.

De Wind, de speelt de Viggolin,
un in mien Hart un öwerall
is allens Sünnenschien.

Ick kann nich gahn, bleew lange stahn
un höre tau un hör´t genau,
dat Vöggelken.

# Bottervöggel

En lüttjen Junge löppt un löppt
hindern Bottervöggel her un röppt un röppt:
»Bottervöggel, kumm doch her!«

Hei grapscht un grapscht un kann't nich faten,
datt sick de Bottervöggel will nich fangen laten.

Un wedder löppt hei, watt 'e kann un packt nu tau:
»Sü sau, mien lüttje Bottervöggel, nu heww ick dick,
nu bist du mien!«

De Bottervöggel is ganz still un rögt sick nich. –
Will doch mal seihn, denkt Bill, wie bunt'e is;
un kiekt – un hill,- de Bottervöggel flüggt dahen –
in'n Wind –
Nu ween man nich, mien Kind!

# De ole Hinkefaut

In'n groten Krieg ,tau de Hitlertiet,
da is't passiert, da hebt se Willem
den Faut blessiert.

Nu humpelt hei, jahrut, jahrin dat Dörp hendal.
Un wenn hei nu mit Stock un Haut sau dörch de Stra-
ten gaht,
denn lopt de Jungens hinderher un raupt:
»Ol´ Hinkefaut, ol´ Hinkefaut!«

Hei kiekt sick nich mal umme na düsse Lusebanne.
Dat gaht sau Dag för Dag – et is ne Schanne.
De ersten Jahre hat´t noch weih ´e dahn, doch hüte:
ist as wiedergahn.

Doch in de Nacht, wenn hei nu slöppt,
denn drömt he mannigmal von all de Jungens,
de da raupt sau beistig laut:
»De Hinkefaut, ole Hinkefaut!

# Mümmelmann

Midden op'n Acker satt Mümmelmann paalrecht hoch
un make Männchen;
vor 'e Bost de Patschehändchen un de Löppel strutte
hoch na bob'n – un horche.
Watt dor wohl mag kom'.

Hei dreih' de Löppel na de Siet', hei dreiht se hen un her
un öwerlegg, op dat wohl'n Mannsminsch weer.

De Flinte kunn 'e nich seh'n, süns wörr he woll all
weggelopen.
He mümmelt links un mümmelt rechts,
un as hei noch sau sitt, denkt hei:
Mick dünggt, mak man riet ut, eh dick so'n Schrotkorn
um de Näse flüggt.

Hei dach grad' noch an Mümmellinchen,
an dicken Kohl un an dat Middageten; -
da was't passiert: He seh ut Kobolz, bleev liggen.
Em winkte noch mal mit de Poten –
»Adjeo, mien leiwe Fru, ick hewt nich mehr 'e schafft,
den Jägersmann dorvon to lopen.«

# Snobs

Grote Autos feuern un nist unter ´e Feute:
un denne sau hinder´t Stürrad sitten
en dicken Willem makier´n, un keen Penning
in ´e Tasche –
dat is de richtige Masche.
Ick segge dick: Dat sünd Snobs.


Un kieket ´e noch näger dahinder – Kinner, Kinner! -
Denn ät ´se bloß noch ile Brot
un ut de Ogen kiekt de grote Not.
Man hen, muk dat ´t nich weih –
uk segge´t jeden op ´n Kopp:
Snob blifft Snob!

Un hin ´n op ´n Sitz hockt ´n dicken Mops –
ick mein´ den Bernhardiener.
Wi sien Herrchen sitt é da, so ´n Slawiner
wat denn, tellt de ok tau de Snobs?

# Wat 'n Wunder

Twölf PS, söß Zylinder, hunderttwintig,
da nich under!
Wat 'n Wunder!

Röe kriescht, dreiht sick bob'n;
Blech un Blaud, Tacho hundert:
Wat 'n Wunder.

# Dat is slimm

Slimm is ´t, wenn ein sau treckt
ower ´n andern her, ümmer we ér –
slimm is ´t!

# Bock, Bock, stött!

## Een wahre Vortellig (Begebenheit)

En lüttjen Bötel Kiek – in – de – Welt
man grade sau söß Jahre tellt,
de speele un krakeele just op de Wiesch rum.
De junge Schapbock Spring – in 't – Feld,
den dat förwahr nu ok gefällt,
danzt hoppla – hopp un dideldeidum
jümmer um den Stöpke rum.

Röppt Fidje denn luthals em tau:
»Bock, stött, lüttje Bock stött«!
De Bock stött tau
Kobolz schütt hei lang hen in 't Wieschengras.

Hei schriet un bölkt: »Au wei, au wei!«
un kann sick gar nich faten.
De Schapbock nickköppt hen un her
un blifft vordutzt nu stahn.
De Schape stiert un bölkt datau:
Och Fidje, mak nich so'n Radau.

Da kümmt hei wedder op de Bein
un löppt, wat hei man lopen kann
»Bock stött, lüttje Bock stött!
Dick lat ick nicht weer an mich ran!«

# *Kiwitt*

De Freujohrswind speelt mit den Snei,
de noch op de Eer` liggt.
De Kiwitt striekt da ower her, fallt hendohl un röppt:
»Is witt, is witt.«
Sien´ Fru sitt nu op de Eer´ un röppt luthals:
»S´ nich witt, s´ nich witt!«

# Pappelböme

Pappelböme weiht in´n Wind, reckt un streckt sick
as ´n Finger hoch in ´n Heben.
Wieset wiet un mohnt dick wiss´, datt da bob´n
us Herrgott is.

# Buschwindröschen

Lüttje Rosen in'ne Busch,
lüttje Rosen in'n Wind
dröömt in'ne frischen Dau,
dröömt vun' Frühling
dausend Dröme
un dausend Dröme
fleigt na dick
ganz swind, sau swind, as de Wind.

# Telewischen

Hei glotzt in de Röhre, sei glotzt ok –
Glotzen mutt sien.

Hei snorkt vor de Röhre, sei snorkt ok,
Snorken mutt sien.

Hei bekiekt sick von in ´n, sei bekiekt sick ok,
Bekieken mutt sien.

Hei glotzt, sei glotzt, hei snorkt, sei snorkt,
hei bekiekt sick, sei bekiekt sick;
segg mick bloß, wat seiht de nu?

# Dat Waschwief

Snabbel, snabbel, Babbelsnut,
dat Mul staht gar nich still;
se babbelt, snabbelt alles rut,
wat ör sau kümmt in'n Sinn –
un seggt dabie: `O Lüe, o Lüe` –
(Lüe =Leute)

Se tratscht un pratscht, bi all` de Naberslüe!
As kakel un spektakel, grad as en Leggehaun –
un seggt dabie: `O Lüe, o Lüe`-

Se treckt woll öwer jeden her un hat´t sau ilig bi.
Dat is denn sau as Wagensmeer, dat smeert un smeert –
un seggt dabie: `O Lüe, o Lüe`.

# En Lewen lang

En Lewen lang is as 'n Klockenslag, is Wegenlied
is Kinnersnack, is Dageswark un Danz un Speel,
kann allens sien un doch nich veel –
en Lewen lang.

# Pilzköppe

Twei op de Straat´: Kopp an Kopp, lange Büx –
tweimal Twens, X plus X, tweimal nix.

# Herr Pogg

Morgens freuh, et was all Dag, gung ick vorbei,
an Nabers Garn.
Da springt mick doch ein an un seggt:
»Quaaark – quaark g´ moag´n!«

Na, denk ick, wer kann dat sien?
bleev stahn un horche – doch ick hör´
nich een Wort mehr.
Ick kiek´ tau Siet un seih´n da sitten ganz dicht
bi´n Waterpaul.
Ick greut nu ok un segg: »N´ Morg`n mien Herr Pogg!«
un woll nu gah´n.
Da seggt hei doch ganz keck:
»Quaaark, quaaark, breckeckeckeck´ gah´ nich weg!«

# Dat Keesbrot

»Ick hew´man´n Kees?!« »Ick man ok!« –
»Un du, Hein Krull, wat hast´n du?«

»De Näs all vull!«

# Steernsnuppe

In de blauswarte Nacht ne Steernsnuppe föllt,
un de Deern op de Eer, de wünscht sick sau sehr
vör'n leewsten Schatz, in de blauswarte Nacht.

# Dörpsmusik

Wenn de Heuner krakelt, wenn se laut spektakelt,
un wenn op'n Mess de Hahne kreiht,
dat is Musik for den, de 't versteiht!

# Twee Muffelsnuten
## (Boxerhunde)

Bobby Vierbein was'n Boxer,
doch mit Unzen gaff'e sick nich aff;
siene Snute trecke he breit un de Lefzen hängen raff.

Bobby's Naber Muffelsnut kieke öwe'n Tun,
blaff un blaff ümmertau, blaffe, wat hei kunn.

Hei schiele na de anner Siet', un blinzele ön tau:
»Kumm röwer«, blaffe Vierbein,
ick hewwe sau veel Tiet.

Un abends in de Schummerie, da fat' hei sik en Harte,
sett't öwer'n Tune weg, grad as ne flinke Katte.

»Da bin ick denn,ick freu mick sau«,
un wackele mit'n Swanze:»Ring frie, Ring frie«,
juchzt Vierbein
un sett't nu an tau'n Danze.

»Giff Poot! Giff Poot!« seggt Muffelsnut,
»Giff Snut', giff Snut!« seggt Vierbein:
»Sau mutt dat gahn« un danzt nu Ringelreihen.

De Tied gaht hen, de Danz is ut, et hat sick wat 'e dahn.
Da lopt all' lang de Straat hendahl,
twee lüttge Muffelsnuten.

# Was heißt Liekendank?

Wenn de Snei drifft öwer Wiesch un Feld,
wenn de Krei von´ Tune fällt;
wenn de Vöggel mit de rode Bost
de Fittchen hängen lett, wenn de iskole Hand
grippt na Minsch un Dier,
un wenn ol´ Jaspers makt de Ogen tau,
un nich mehr süht
de Sunn öwer´n Snei un nich mehr tellt
de langen Dage,
denn gifft et Rauh vun all de Plage.

# Affschied

Wenn de Wind öwer de Stoppeln gaht,
wenn en Wolkenflor
an´n Himmel staht, en betchen grau, un wenn de Sunn´
grient dörch den Flor un de ersten Vöggels
treckt in´n Chor,
denn flüggt ok weg de Sommertiet,
denn is de Harwst nicht mehr wiet.

# Vergeten

Möhlenflögel op'n Barg,
dreist dick nich mehr na 'n Wind.

Möhle op'n Barg, dick het 'se längst afreten!

Bist nu still, bist vergeten.

## De Botterknust

O nä, o nä, wat freut se sick!
De Botterknust, de is för mick;
de Botterknust, man dick besmert,
un Slackwost drop, denn is et good.

Düsse Botterknust, o nä,o nä –nu Junge, et man,
et man denn!
Un ümmer dicker smert se op,
de Slackwost paßt all nich mehr rop.

Sau mannigmal is dütt passiert,
un ümmer hew´ ick´t wer probiert.
Et mutt doch wat besonders sien:
Sö´n Botterknust mit Wost von´n Swien.

# Mien Eilsen

Mien Eilsen in't Schaumburger Land,
en Pardies op Eern;
du blaue Blaume, dick heww' ick geern.

Mien Eilsen, dat is'n Droom op düsse Welt;
glöw' et mick: Sau hat et sick us Herrgott vörestellt.

Mien Eilsen, du Parle, von't Schaumburger Land,
du stille Insel an'n Auestrand:
Segg mick, ach, segg mick, kann ick hier nich blieb'n
mien Lewen lang? –

# En Stelldichin – för grote un lüttge Diere

Sau mannigein was hier tau Kur, was in Mangel 'enom:
Hauptmann un Hesse, de groten Poeten;
Tauber, de Sänger, un Liszt nich tau vorgeten.
Hier was en Stelldichein för jeden,
för den König vun Holland
un den König vun Sweden.

Alle de sünd na Eilsen 'ekom:
Slammbäder hett 'se nom,
Massagen hett 'se kregen, in Swefel hett 'se lägen;
un dat konn' vordrägen, in wochenlangen Dagen
ohn' sick tau plagen.

Hier hatt 'se promeniert un alle sünd se rumspaziert,
de lüttgen un de groten Diere;
un ümmer sünd se wedder 'ekom un hett
'ne Bäderkur 'enom.

# Sünd dat nu Lögen

En Hauptmann was hier inquartiert
un süs nich ein'n Soldaten;
un kein'n Dag is hei marschiert –
dat is doch nich tau faten!?

De Hauptmann sülms in Zivil,
fein ruteputzt von Kopp bet Faut,
harr ok'n forschen Gang,
ging he denn doch dagut, dagin
de Promenade lang.

Dat segg' ick laut: Nich ein'n Soldaten hat'e seihn! –
Hei was bloß ümmer bi dat Schrieb'n, un dat is wahr,
dat konne fein!

# Dat Düwelsbad

De Düwel harr dat Rieten un Tähnweih noch dortau,
sien Peerfaut was answull'n un ümmer duller hinke hei.

Sau is dat denn, wenn en sau lüggt
dagut, dagin de Lüe bedrüggt
un keen'n mehr in Rauhe lett
un da , wo 't gaht, den annern richtig
öwer't Ohre slaht.

Nu mößt hei kur'n , sick utkuriern,
Umschläg maken un Medizin probeern.

Dat make he in sein eigen Bad, glieks hinder'n
Rottfeld – Barg,
da in de deipen Kuhlen, (wen't interessiert)
bi'n Seel'nhandel
dütt Woldstück inkassiert.

Kiek hen, seih tau; villichte drüppst em mal
den Düwelskeerl, wenn he badet,
wenn he is bi't Suhlen dahin' in de Eilser Kuhl'n.

# De Hexendieke

Bi de Nacht, twölf op'n Slag,
da rögelt't sick: Da sliekt ganz sachte
de Hexen um 'n Dieke un riet op 'n Bessen
sau krüz un quer
un de Düwell ritt hinderher.

Bi de Nacht, twölf op 'n Slag,
da rögelt 't sik: Twei Katten koomt dortau,
speelt op taun Danze, taktiert mit 'n Swanze
haste wat kanste: Miau, miau!

Bi de Nacht, twölf op 'n Slag,
da rögelt 't sick: Da danzt de Hexen
un de Düwel danzt mit.
Nu gaht dat holter di polter
mit Kreischen un Johlen ne ganze Stunn'
ümmer um 't Water rum.

Bi de Nacht, twölf op 'n Slag,
da rögelt 't sick: Katreen, de junge Deern
wiel se stunn' mit'n Düwel in 'n Bunn'.
Un dat rode Haar flüggt hen un flüggt her
un brennt sau lichterloh as för fiefhundert Jahr.

Bi de Nacht, Klock een op 'n Slag
is tau Enn' dat Hexenspeel
un öwert Water, da schient de
Maan un blinzelt ganz scheel.

Ick hewet `et seihn, dütt Düwelsspeel,
tau Middernacht!
Du glöwst mick nich? –
Denn sliek dick hen na 't Sloß ganz sacht,
Klock twölf, bi de Nacht.

# De Dom tau Eilsen

## (Harrl – Allee)

Use Herrgott hat den Dom ′ebut,
ut lauter Linn′nbööm,
nich ut Stein un nich ut Lehm.

Un hehr un mächtig recket sick de Pieler in de Höcht,
un öwerweg
sau slank un rank as ′n Krüzgang lang,
de greune Dom,
dat is nich Menschenwark; de greune Dom in seine
Pracht,
öwer Nacht, keem he ut Gottes Hand.

Wenn all de Bööm strebet in′n Hewen na′n Lichte tau,
de Sunn entgeg ′n,
wenn helle Lichter op de Blädder danzt,
un wenn en Sunnenstrahl mien Harte drüppt,
denn kann ick bäden, in ′t grote Karkenschipp.

## Sau mannigmal

Sau mannigmal gah ick de Au′
hendahl un drööm for mi hen.
Ick gah un gah – de Ellern nickt mi tau un tuschelt,
de Pappeln reckt sick öwer hen un ruschelt.

De Sunn speigelt sick in ′t Water
un lacht dörch Twiegen un Bläder,
′ne Amsel trippelt dorch dat Water
un plustert sick ganz natt.

En Junge lett sein Schipp da drieb ′n,
de Wind fat ′t hinderher,
un mien Gedanken driewet mit,
wiet öwer ′t grote Meer.

# De Deern von Knicks

De Hoffknicks kannste leern vun 'ner lütt –
lüttgen Deern.
De knickst un knickst un hört nich op tau Knicksen;
se knickst den lewenlangen Dag, se knickst,
glöw ick, ok bi de Nacht.

Se knickst ehr ganzet Lewen lang,
löppt twüschendörch mal 'n Enne mang,
op 'n Stock, op 'n Stein
sau trippel – di – tripp un denn wedder fein,
di Wippe – di – Wippe en artigen Knicks.

Ick meen: Wenn ümmer en sau knicksen daht,
wenn ümmer en nich stille staht,
denn mutt 'n doch woll ehr 'n, den Hoffknicks,
meen ick, vun de Deern.

(De Wateramsel)

# Snüffelwater

Snüffelwater gifft dat hier all öwer hunnert Jahr'n
un op den ganzen Erdengrund, is kein Water sau gesund.

»Snüffelwater«, sä de Bur all för lange, lange Tieden,
»Snüffelwater, dat is Husmannskost!«
un nahm en Sluck tau Bost.

»Snüffelwater«, pustert de Bur, un snupper mit de Näs;
»Snüffelwater – man ümmer her!« un drunk davon
noch mehr.

»Snüffelwater«, mein' de Bur,«dat is mien Elexier !«
un is dabie bleb 'n, sien langet, langet Leb 'n.

Hast du et denn nu mal probiert?
Dau et man, for wahr, dann bist' kuriert,
glieks for hunnert Jahr.

# Dat Leed von 'n Kurschatt'n

Puster hen, puster tau; en lüttje Schatten bi de Kur,
den bruckt 'n sau un sau: Tau'n Klön'n, tau'n Danzen,
ok tau 'n Vorwöhn',
Ick segge man: Lach dick wat an!
Haste nu en Schatten, denn haste ok Sunn.
De schient sau warm vun Tied tau Tied –
doch brennt 'se hitt, denn kümmt de Stunn,
wo ok dat Hart höger sleiht.

Denn mußte seih 'n, wie deip dat sitt,
mußt öwerleggen, of' t nu mehr is as bloß hitt.
Wat 't nu ok is, ick segge man: Lach dick wat an!

Kurschatt 'n hen, Kurschatten her:
Nimm 'et licht un nich tau swar.
Denn dat is wiss: De heitern Stunn 'n, de sünd rar!

Ick blief dabie un segge man: Lach dick wat an!

# Dat Eilser Minchen

Dag for Dag is 'elopen na Eilsen tau,
hat beistig 'eanket un dampt hat se
un 'etweet 'tun plusten dä se un hale Luft dabie un sä:
»Tsch – tsch – tsch, t 'schaff ick dat noch,
t 'schaff ick dat noch?«

Sau ratter se denn mit letzte Kraft op de Gleise lang;
glieks is 't 'eschafft un schaukele öwer de Scheier – Brügge,
un de Kinner winkt un de Kurgäste ok.

Se fleutjet noch mal, in hell 'n Tön 'n,
un all de Eilser kunnt vernehm':
Dat Minchen is da, dat Minchen is da!

`Ne lüttje Stunn' was dat Randewu,
denn ging 't taurügg na Bückeburg.

Noch mannigmal was se ut é Puste
un quieme un quieme.
Doch hindern Harrl, da gingt bargaff:
da leggt se woll 'n Schritt noch tau
un da sick nochmal tosamenrieten
un reip denn all vun wieden:
»Wenn dütt nich schafft, denn weet ick 't nich.
Wenn dütt nich schafft, denn weet ick nicht!«

Dütt Leed nu sung se alle Dage,
un jung un old freut sick da sehr –
Hüüt is dat bald ne Sage, sau lang is dat all her.

# Bi 'n Pilz

Wenn 'n da sau sitt's, in de Schummerie
un de Gedanken fleiget,
un wenn de langen Schatten fallt
denn röppt da 'n Duuw` ganz dicht bi di
»Duduuu – duuu – du, duduuu!«

Un'n Stück affsiet, ok gar nich wiet,
röppt se mich wedder tau:
»Duu – dudu – duuu – du, duduuu!«

Un denn is 't still, ganz liesen still –
weil ok 'ne Duuwe slapen will.

Watt de woll seggen wullt, de Duuw?
Ick heww't verstahn! Frag mick nich,
ick werd dick nich verrahn.

# De beste Medizin

Loop doch mal öwern Barg un runder de andere Siet!
Datau hast 'e keen Tied? –

Loop doch mal, dörch 't Holt, de Weg is gar nich wiet!
Datau hast 'e ok keen Tied? –

Loop doch mal, dat is de beste Medizin!
Wat denn, du hast Boßweh?
Dat hör ick aber gar nich geern.
Dat kümmt davon, wenn en sau gar nich lopen deiht
un ümmer man boß stille steiht.

Loop doch mal – wenn 't ok man sau en betchen is.
Hast' ümmer noch keen Tied tau gah'n?

Ja nu: De Tied löppt wieder, doch du nich mehr!
O, Minsch, loop doch mal, ick raat dick dat sau sehr.

Geschichten vun fröher

# Dat Verlöbnis *von 1951*

Heinrich was en rechtschaffen Minschen, 'n Keerl von echten Schrot und Koorn, un wat sein Name anbedrüppt – tja, den segg keen eens. Hei heit bloot Heinrich Dunderwetter, weil hei bi jede Gelegenheit dat Wort in Munne harre: »Dunderwetter!«

Hei was en drolligen Keerl; mannichmal 'n betten to drollig -, un denn dabie sau dröge.

Ein schönen Dages was nu Danzen in Dörpe. De Muzikanten speel'n, un jung un old dreihen sick wie 'n Brummküsel. Heinrich stunn an 'n Pielert (Pfosten) un kieke tau un smunzele öwer de schön'n Been von den Deerns. Hei wolle woll ok geern mal danzen, aber – aber hei schenierte sick en beten, denn sau smiedig was hei nu grade nich. Moot harre he sick all annedrunken, aber besoopen was hei nich; dat konne keen eens seggen.

Boben op de Barriere satt 'n noch en paar Deerns; un Heinrich harre Anneken woll all entdeckt. Aff un tau schiele he ropp; denn op Buckelmanns Anne harre hei 't awesein. –

Na, hei drinkt noch een un noch een un kümmt denn ok richtig in Stimmung.

Anneken sitt ümmer noch da boben. –

Na ne gue Tied fat sik Heinrich en Hart un röppt ut vullen Halse na boben: »Anna, kumm mal runder vun de Barriere, wöllt mal einen afftrampeln!« –

Anneken is halfwegs vordutzt un antwört snippisch: »Dat dau ick nich, mit sön besopnen Keerl danz ick nich!« –

»Wenn ick segge, du kummst« röppt Heinrich roppe, »denn kummst«. Wat gifft te daune: Anna kummt. -

Eenmol rechts rum, eenmal links rum; et gaht. Annas Rock, dä flüggt man sau. –

Un bi de Danzpause, da sliekt sick denn Heinrich un Anna na buten. Markt harrn et de Lüe ja alle, aber na ja: Se knepern man bloot mit de Ogen. –

Se sliekt hindert Zelt hendorch, den Feldweg hentau un denn jümmer an de Roggenstiege vorbie.

Lang gaht se nebenenander her, un Heinrich bringt kein Wort öwer de Lippen. Sien Harte slaht so lut. –

Hei süht bloot den Maan, dä he nun wedder hinder Wolken vorlurt un sau grient. Hei stiert den Maan an, un so stiert sei em ok an. Hei denkt: »Is dat schön.« – Sei denkt: »Wie schön könn dat sien!« – Ne halwe Stunn sünd se alle gahn; un hei denkt, un sau denkt se alle beide noch. – -

Op 'nmal sött Heinrich ganz dröge rut: »Anna, – Anna, ick mott mit dick körn; – ick will dick frien!« –

»Wenn du dick man nich vorräket hast«, seggt Anneken. -

»Ick hebbe mick nich vorräket; wenn ick räke, denn räke ick!«

Un dabie bleef et.

Heinrich hakt Anneken under, un de Harten slaht ganz

warm. De Maan treckt de Gardien´ tau, un dat annere hewe ick nich mehr ´esein.

Ick weit bloot noch, datt dä Lüe jümmer weer seggen dein: »Wat ´s dat vor ´n glücklich Paar ´eworn.«

# *De gude ole Tied* von 1952

»Ick segg dick, ick segg dick«, sä jünne Keerl, »wat't nich all gifft! – Miene Fru hebbe ick vör'n paar Jahr'n bi'n Schilopen kenn 'elehrt. Och, wat was se för'n Deern! Smuck un dralle, slank wie ne Gerte' un sau smiedig! Un lopen kunn se! Jümmer den Barg herunner, datt ick min Daunen harre, middetekom'n. – Dat was 'ne Hasenjagd, bet ick se harre! Ick segge dick.

Na, un denn namm ick se in 'ne Arm, un dat was denn en paar säute Minuten in den kohlen Snei. Un da was denn ne Baude, midden in de hogen Barge; da hebben wi denn use Ferien verlewet: In Sunne un Snei un helle Maanschiennächte. Ick segge dick! –

Un denn fung jünne Keerl erst richtig an to vertellen. »Nu hört mal tau: Ick weit noch ganz genau, as Großvader de Großmudder namm; dat was bi de Spinnamde, wenn de Mäkens in'n Tropp tesamme keim'n. Jochen was dunn en jungen Keerl, un sei was ne säute Deern. Hei keek sei an, sei keek ön an. Hei foppe se mal, sei keek vör sick' dahl. Sau bleewt ne ganze Tied. Aber den ersten Amd na Hus bringenn, dat brochte hei nich ower't Harte. Nee, dat leit ok Dortchen nich tau. Sau leipen se denn Wochen un Monate hindern ander her; ja mannichmal wör ok en half Stiege Jahre darut. Un denn gafft Verlobung. Aber da mößte Vader un Mudder erst ja tau seggen. Un denn , un denn... ja, un denn word sick heimlich ok mal´n Kuß ´egeb´n. Aber ganz heimlich! – Un bet tau de Frierie was´t noch lange hen. Dat besproken sick Vader un Mudder ers noch hunderföftig Mal, un denn snacken Vader un Mudder erst noch hunderföftig Mal mit Vader un Muddder vun de Swiegerdochter.

Un denn was´t woll sau wiet; wenn´t nich all tau wiet was – mit de jungen Lüe, de sick sau leif harrn. Aber Kinners, ick see jüch, Jochen un Dorchen blewen sittsam bet tau örn Hochtiedsdag – un sau schallt ja ok sin! –

Un denne weit ick noch, wie dat sau in de gue ole Tied was, wie Großvaders Großvader sin Fru nehmen de. De kregen sick denn vorher woll gar nich mehr tau Ogen. De schrewen sick Breiwe – leiwe Breiwe – wo wie üsch hütgen Dages en Beispeel anne nehmen schöllt. Ick glöw´, Großvaders Großvader was woll´n hochgebildeten Min- schen, de dunnemals den Hochtiedsandrag ´estellt hat. Un de heit sau: Einer hochverehrten Demoiselle habe ich nicht verhalten wollen, wes maaßen sich meine zu Ihnen tragende Liebe dermalen unmöglich länger zurückhalten läßt, sonder tagtäglich sich vermehrend mich bedrängt, das wiederholt darob schon thun wollende Bekenntnis endlich einmal bewerkstelligen. Ich lasse auf Dero Hoch- geneigt – und Zutragenheit beruhen, dieweil mir nach reiflichsten Ueberlegungen nicht beifällig ist, mich der quästinirten Demoiselle jemals verunwürdigt zu haben, noch derlei zu thun mir niemal und irgendwie in den Sinn zu kommen überhaupt möglich und angemessen wäre. Somit lebe ich des Vertauens respektive zunächstiger Erwartung.

Besagte Demoiselle möchten hochgeneigtst gemessene Befehle erteilen, damit alle zu einer gesetzmäßigen Verehelichung erforderlichen Anstalten vergekehrt und zu derer glücklichen Ende eine nach meiner äußersten Lieb abzumessene Tagesfahrt anberaumt werde. In tiefster Ehrfurcht, um Resolution bitte als E. quästionirten, hochschätzbaren Demoiselle

Dienstgeborener

Hironymus Engelmann

Registrator und Controleur

Das Stadtgericht zu ... L. S.

Habakuk Purzelius.

Act. Jur. m. p.

# De Müüs op'n Koornbonn
## von Februar 1951

De Müüs, de Müüs danzt in Kasper sien Hüs,
de Ratten, de Ratten, de speelt mit de Katten,
un denn gaht dat flietig: Rumpeldibum –
jümmers ob `n Koornbonn rum.

De Kinner singt dat hüte noch af un tau, un dat was
sau: Jochen Kasper satt in sien'n Lehnstauhl un rooke
de Piep, wat hei na Fürabend tau geern maken dei. De
Brill harr 'e op de Näsenspitz klemmt un sau keek hei
mehr öwer de Brill as hendorch. Un denn lass hei de
niesten Nachrichtn von de Borgdorfer, dä ön ja bannig
interessieren dein. Awer ganz veel kreeg hei nich midde,
denn ümmer fölln ön de Ogen tau. Hei rett sick denn
mal wedder tesamme, um ok ja alles middetekriegen. Dat
nieste, ümmer dat nieste lass 'e Permarcht, Bullenschau
un vor allen de lessten Notierunngen von 'n Veihmarcht!
Wedder klappt ön de Ogen tau, un denn was hei half
un halfdabei, utteräken un tesammetellen, wat ön dütt
Jahr de Swiene inbringen dein…
Da klappt de Dör un ringestörrt kümmt Karline un
schrie ut vullen Harten: »Kaspers Vader, Kaspers Va-
der! – Op 'n Koorbonn sünd Spitzbuben!« – Kaspers
Vader springet op, wie von 'e Tarantel 'etstoken, fällt awer
gliek wedder dahl in sein'n Staul; sau harr 'e sick verjaget.

DeBrille flücht ön von de Näse, un de Haare staht 'ne te Barge. Nu mot hei sick erstmal 'n Ogenblick besinnen: Justement was hei noch sau half in Drome bie't Kalkulieren... Nu stiert hei Karline an, dä kein Wort mehr rutbringen deiht.

»Mäken, Mäken, Karline, wat is denn man?«

Karline kann kaum noch Atem halen, sau is 'e dat op'n Magen 'eslahn. –

»Kaspers Vader«, plustert se, un mit dem winkt se ön an dat Fenster, Ol Kasper – liese, ganz liese – söcht siene Tuffeln tesamme un sliekt sick an't Fenster. Un da staht' se nu beide un kiekt un seiht nu ok noch 'n Schien von'n Licht, dat sau ganz langsam verswind, un genau da, wo de Koornbonn is. Sau staht 'se noch 'ne ganze Wiele. Denne fat sick Kasper en Hart un stolpert na de Dör, öwern Hoff, na'n Koornbonn tau. »De Slöttel! – Mien Gott, de Slöttel! – Ja, richtig, dä hänget ja hinder de Dör in de Waschköke.« Karlin halt em, un denn ropp on Koornbonn. – Nist is 'to seihn, rein gar nist! 'n paar Müüse un en Ratte flitzt davon. Karline kreischt op un hendal de Trepp, bloß weg.

Ol Kasper kiekt hierhen, kiekt dahen; hei kiekt in düsse Ecke un kiekt in de Ecke un kratzt sick int't Haar. »Hm, de Müüse, brummt hei, nist as Müüse!«

De graue Katt smuset um ön rum. »Düsse Beister, hätt dä mick doch all bannig bi dat Koorn 'esäten!« – Jochen Kasper gaht in'n Stall, halt de Mus- un Rattenfall un stellt se alle op: Eine in düsse Ecke, eine in de Ecke, eine in de annere Ecke un denn noch eine in de leßte Ecke; eine sett hei noch op et Koorn nun noch eine vör dat Korn. Den annern Abend kiekt hei na:

Wat meint ji woll, wat meint ji woll! – Da warrn de Müüs un Ratten doll. – Hei süht bloß noch de Swänze wackeln, weg warrn se, alle weg! Un in de Fall'n? –

Nich eine was drop rinne full'n.

»O wei«, seggt Jochen, » düsse Beister! Un'n Krach makt düsse Banne… as foftein Spitzbuben all tesamme! Un denn, ick glöwet balle, dö danzt woll noch in mien'n Stalle. Na täuwett man, ji glöwet mick noch alle dran!« –

Et was den drütten Abend. Jochen Kasper smökert siene Zeitung dörch un denkt: »Alles frät ji mick ja doch nich op!«

Un wie hei denn nu sitt un sitt, da hört hei denn, wie op'n Hoff sick wat röget. – Hei horkt un horkt un leggt de Zeitung weg. Un richtig: Tipp-tapp, tipp-tapp! Ganz liesen sliekt dat öwern Hoff. – »Is dat denn wahr«, denkt hei, »sünd datt denn doch de Spitzbub'n gar? – Dat kann nich sien. Us Waldo seggt noch kein'n Ton!« –

Hei ran an't Fenster… kiekt un kiekt. – Hei war ganz blaß in dat Gesicht, denn wedder süht hei datselbe Licht! Dat flackert denn sau hen nun her un denn verswind' et sachte. Jochen süht noch 'en ganz swachen Schien. – Hei, rut ut de Dör, wie de Füerwehr, den Steintritt runner, öwern Hoff. – Da staht hei all vor de Koornbonndör..! Wat nu? –Dat Gruseln gaht ön an. De Sweet, de steiht 'ne op de Steern… Hei leggt den Kopp nu an de Dör -.

Un da… ganz lansam unliesen: Taap-taap-taap! – Grad sau, as dröcht hei'n Sack, kümmt einer doch de Treppe raff. – De Angstsweet löppt 'ne an de Backe dahl. – Doch hei blifft stahn un röget sich nich -, un näger hört hei Schritte gahn… De Dör gaht op:

Wie annewussen un kiekt den Spitzbub'n an, un dä… kiekt ön an. Doch keiner kann den annern richtig seihn. –

Ol Kasper öwerleggt nich lang – un halt denn ut un knallt 'ne eine. – Da staht hei nicht mehr op de Beine! – Da liet hei nu; de Sack liet dichte bie, un keiner seggt'n Ton. Da röget't sick, un as us Jochen denn nu klarer süd, da hört hei, wie de annere seggt: »Och, Vader, ick stünn ja man mit'n Geld sau slecht!«

Un in Kasper sien Hüüs,
da danzt de Müüs; un de Ratten, de Ratten,
de speelt mit de Katten, un denn gaht dat flietig
Rumpeldibum! – Jümmer op'n Koornbonn rum.

# Dat Gespenst

Et was in e Schummeree, as de Schaper mit sien Schape
na Huse trecken de. De Sünn was grade to Bedde gahn.
De Böme trecken ör blau Nachtkleed an, un lange swarte
Schatten fallt öwer Acker un Wieschen. Da süht denn
de Scheper, afsiet von'n Weg, jümmer wat in de Höcht
fleigen. Hei lurt un kiekt un kiekt sick de Ogen ut. »O
Godde nee – et flüggt hoch un wedder dal un kümmt
nich von de Stell. Et speuket – nist anne, et speuket!« –

Af un tau kiek hei sick wedder umme; -

Jümmer datselbe. Mittlerwiele kümmt hei an't Dörp
ran. Hei alarmiert glieks dat ganze Dörp, un richtig:
»Da! – Da is dat Gespenst, dat wi sön Vöggel op un dal
plustert!«

Alle gaht dat Gruseln an, un keen eens waget sick een
Schritt vör. Denne abe fat sick twee Mannslüe en Hart,
stöwert ne Stange op un slickt sick ran. Ganz liese un
ganz sachte gaht se mit de Stang op dat Diert los. Jetze –
noch wennige Schritt – ran un dat Ungeheuer opgespie-
ßet! Da – flüggt dat Gespenst in groten Bogen dörch de
Luft. Beide verjaget sick nich slecht, lat de Stange fall'n
un – nist as weg. De een in düss, de annere in de Rich-
tung. –

Angest un Grauen kümmt öwer alle un allens löppt –
wat man eens lopen kann – torügg na 't Dörp. –

Da kümmt denn ut't Dörp en lütt Deern –

Smuck un dralle – un will den Weg in't Feld, dahen, wo dat Gespenst is. Un all tosamm', wie sön Dotenchor, tuschelt se un pustert se: »Deern, mien Deern, wo wutt Du hen? – Blief hier, et speuket!« –

Nä, nä, segt de Deern, »ick mutt dahen, meine Herrschaft, de gnä'e Frue von Piesewitz, hat bi'n Spazeergang ör'n Pelt verlor'n!«

# Döneken von'n Stammdisch

En Förster is op de Pirsch, un schütt'n Hasen. Hei gaht denn na Hus un drüppt underwegens ne Schapherde. De bölk un schriet ut vullen Halse. Na, denkt hei, wo 's denn de Schaper? – Hei lurt un kiekt, aber kein Schaper is tau finn. Da entdeckt hei ön slopend under'n Boom. Dat is den Förster denn doch tau bunt. »Oh«, fällt ön in, den speelste ein Streich, nimmt den Hasen ut un stoppt den Schaper de ganzen Kaldunen under de Weste. De Förster gaht afsiet un schütt eenmal in de Luft. De Schaper schrickt tosamm' un will opspringen. Da süht hei denn, wie owerall de Kaldunen rutquillt. Luthals schriet hei los: »O helpt mick, helpt mick, ick bin 'eschoten, mick koomt de Kalunen all rut!«

# De dumme Schaper
## von 1951

In olen Tieden, da is mal en Schaper e 'west, dä harre fief
Schape vorloren, veer witt un een swatt. Un se warrn weg,
rein weg. Nich eener harre se seihn. De Schaper makt
sick nu op de Beene, – düsse fiewe wedder tesammen tau
säuken. Un as hei na de Wiesche kümmt, röppt ön de
Kiwitt entgeen: »Fief witt! Fief witt, Fief witt!«

»Nee«, seggt de Schaper, »dat is nich wahr, da is een
swart mit mang.«

De Kiwitt blifft awer dabie: »Fief witt! Fief witt! Fief
witt!«

Da weerd nu eener klauk ut, denkt de Schaper, sost du
dick doch vortellt heb'n?

Ganz dralle makt hei kehrt un rennt na Hus; – rin
in'n –Stall un tellt siene Schape na. Hei tellt un tellt…
tellt eenmal, tweemal, -tellt dreemal – nee, veer witte un
een swartes fehlt!«

Un wedder gaht hei los, te säuken; na de Wiesch gaht
hei awer nich wedder hen. De Kiwitt hat ön tau dulle ar-
gert. Hei gaht na't Holt un kiekt un lurt nu alles af. Dor
sitt denn da en Krei op'm Boom un karkt in eenen Gange
tau: »All swaaaart! – All swaaaart! – All swaaaart! –

»Nu wart nich dögen«, röppt de Schaper, »dat war'n
doch veer witte un een swartes! Kannst du nich kieken
oder ick?« – »Du, du! Du, du!« röpt da de Krei dörch 't

Holt. Un von de annere Siet röppt sien Wief: »Du, du! Du,du!«

Hei argert sick un gaht na Hus; gaht wedder in'n Stall un tellt noch 'nmal. –

»Süh«, seggt de Schaper, »heb´ ick nich recht hat, dat sünd doch veer witte un een swartes.«

# Traditschon is Traditschon von 1951

Wittkobben Vader was en düchtigen Buern. Allens wart-recht is. De Wirtschaft harr he in Gange, un alle siene Nabers und dat ganze Dörp holen grote Sücken op ön. Un wat de Lüe süß noch vertellen dein, dat was ön egal. Keen eene könn' ön ja wat slechtes naseggen…- Bloß mit sien Wagenröe – dat, nee dat was man tau drollig. Aber Wittkobben Vader was noch een vun de olen Dütschen, un hei harre dat vun sien' Vader un Vadersvader wedder vun sien Vader, un sau wußte hei dat noch as ganz lüttjen Bötel vun sien' Urgroßvader, bet in Generationen trügge.

»Traditschon is eben Traditschon«, sä Wittkobben Vader, un da bleef hei bie. Un sau könnt ji mick dat drie-ste glöben, datt hei, jahrut, jahrin, söben Wagenröe vör de Hoffdör stahn harre. Dä stunn' da wie de Soldaten, ok sau stramm; se bruken aber alle bloß neen Dag inne Woch Wache te stahn, denn jeden Dag stött Wittkobbens Vader een umme, un wenn hei alle söben ummekippt harre, denn wüßt hei, datt et Sönndag was. Dat was sau all siebensöbentig Jahr 'ewesen un dat ohne Kalenda-rium; denn vun sönne niemodigen Sachen woll hei nist weiten. –

Nu was dat Middewochenabend, Beddegahnstied. Wittkobben Vader gaht noch eenmal den Hoff henlang, slütt alle Dörn tau, tauleßt de Hoffdör; dä aber erst denn, wenn een vun de Röe wedder breit liggen dei.

Andern Morgen – hei was en betten späder ut de Feddern 'esteegen – makt hei sien' gewöhnlichen Gang. Et is ümmer däselbe Route: öwern Hoff un denn erst mal kort öwer deHoffdör gelurt. Op de Straaten röget sick noch nich vell. – Denne kiekt hei, kiekt wedder, rifft dick de Ogen, kiekt noch enmal… De Sunne schient all sau glup op de Däker, un denn denkt hei: »Na, denn lat't Sönndag sien!« –

Hei slurft in siene Holtschen wedder torügg wern Hoff, dörch de Köke un denn in de Stuw', treckt den Sönndagschen an, sett'n Haut op un makt sick op'n Weg na de Karke in Nabersdörp. Andächtig un still vorsunken gaht hei dörch de Straaten. Un wie hei in de Feldmark kümmt, süht hei, datt de andern Burn alle op'n Acker pläuget. – Dat is ön' denn halfwegs doch verdächtig; un wie ön dat grade sau dörch 'en Kopp gaht, da röppt vun wieten Krischan Brusewind: »Wohen denn all sau freu in'n Sönndagsstaat, Wittkobben?« –

»Na Kerke!« antwört Wittkobben.

Krischan kriggt 'n Dahlslag un seggt bloß noch: »Aber, Wittkobbens Vader, hüte is't doch erst Dönnersdag!« –

Wittkobbens Vader blifft vörn Ogenblick dat Hart stahn. Kein Wort bringet hei mehr rut. Hei makt keht um hinherum, hindere Garns, sliekt hei na Hus; datt ön ja keen süht! Den Kopp leit hei hängen,

Sau störrt hei op'n Hoff. –Dörte, de Deern, jöcht grade de Swiene na'n Hoff ropp un süht denn ok Wittkobben komen. Dörte blifft stahn un kiekt ön an, un Wittkobbens Vader blifft ok stahn – den Haut inne Hand –un kiekt de Deern an. –

»Witt – Witt – Wittkobbens Vader«, stotterte se los, »dä Swiene hätt hüte Morjen dä ganzen Wagenröe ummestött!« –

# Döneken von'n Stammdisch von 1952

In'n dörtigjährigen Kriege ging dat ofte hart her, un mannigmal wüßt keen eens, wo de Fiend weer un wo'e nich weer.

O weih! Wedder mal grooten Alarm in Dörpe. En ganzen Trupp Soldaten is 'eseihn worrn, de op dat Dörp taukeem. »Dummet Tüg«, seggt wecke, »in Düstern sünd alle Katten grau!« –

Doch de meersten bewaffnet sick mit Gabeln, Forken un Döschflegeln un gaht nu op den Fiend los; e Bürgermeester op' witten Schimmel vorrut. Wat gifft te daune: Den Bürgermeester flücht'n dicken Brummer in't Oog. Hei vorlüst de Ballanse un störrt von't Peerd. Dat Peerd lett nu allerhand fall'n. Da röppt de Bürgermeester: »Hülpe, Hülpe, ick ersticke mick in mien eigen Blaud!«

Un de Fiend? – Dat was en grooten Meßhucken.

# Krischan Dummerjahn
## von 1952

Schaulrat Gutmann staht vor'n Dörpe. Sien Vehikel gaht nich vor un nich traurügg. Na ja, et is ja kein nieget Auto, un ut'n vorigen Johrhunnert is't ok grade nich! Aber, aber… Da kümmt 'n Junge angebritzt un stellt sick grootspurig neb'n dat Auto.

»Onkel«, seggt Krischan, »löppt et nich mehr?« –

»Nein, mien Junge!« seggt de Schaulrat.

Krischan kiekt sick den Motor an, fummelt hier un fummelt da rum, schrüfft de Kerzen rut, putzt se mit de Drahtböste blank un sett se wedder in. Ganz stolz staht hei vor den Schaulrat un seggt denn: Onkel, vorsäuk mal, off'e anspringt!«

De Schaulrat drückt op'n Knopp, drückt noch'n mal. Dat Vehikel stottert un stottert. Hei drückt wedder… Da! – De Motor löppt. De Schaulrat halt deip Luft un sett sick in'n Wagen.

»Hab' schön Dank, mein Junge; komm, hier hast du 50 Pfennig.«

»Danke schön. Onkel!« –

»Du bist ein kluger und gescheiter Junge. Wie heißt du denn?«

»Krischan Dummerjahn. Aber Dummerjahn heit ick eigentlich gar nich, dat seggt bloß alle Kinner tau mi.« –

»Ja, Krischan, aber sag´ mal, warum bist du denn heute nicht in der Schule?« –

»Och, Onkel, dat is man sau wegen dat Leern. Us Lehrer hat seggt, Krischan, morgen brauchst du nicht zur Schule zu kommen, denn der Schulrat kommt, und einen Taugenichts und Dummerjahn kann ich morgen in der Schule nicht gebrauchen. Du blamierst die ganze Klasse!« -

# Düsse Süper

Ich hewwe mal een 'edrunken; sau richtig ower'n Döst,
un denne sau bin ick 'eslieket na Hus hentau,
et is all düster 'ewest.

Ick torkele hen un torkele her,
ick scheit'gradut; ick scheite' quer
un biestere nu all wedder mal
an de Bottermelksbeek hendal.

Da kümmt dat sau in mien'n Sinn:
Bottermelk smeckt gut, -Grad sau as Gin.
Ich störrte mick nu, sau wie ick bin
koppower in de Beeke rin un drink de »Melk«,
as Fusel un Gin.
Ick hewwe drunken, ick hewwe sloken
un weet hüte noch nich, datt ick nich versopen bin.

## Der Esel von der Wetterstation

Auf der Promenade von Bad Eilsen –
Man lese:
Schwanz trocken: Swanz dröge:
Schönwetter, schöne Witterrung
Schwanz bewegt: Swanz bewegt sik: Sturm, Sturm
Schwanz unsichtbar: Swanz nich tau seihn:
Nebel, Nebel
Schwanz nass: Swanz natt:
Regenwetter, Regenwitterung
Schwanz gefroren: Swanz 'efrorn:
Frostwetter, Frostwitterung
Schwanz hängt: Swanz hangt raff:
Esel müde, Esel meu